Jesús Quintanilla Osorio

Gotas del amor de Dios

Jesús Quintanilla Osorio

Gotas del amor de Dios

Reflexiones diarias para la vida

CREDO EDICIONES

Imprint

Cover image: www.ingimage.com

Publisher:
CREDO EDICIONES
is a trademark of
International Book Market Service Ltd., member of OmniScriptum Publishing Group
17 Meldrum Street, Beau Bassin 71504, Mauritius
Printed at: see last page
ISBN: 978-613-4-05992-3

“GOTAS DEL AMOR DE DIOS”

(REFLEXIONES DIARIAS PARA LA VIDA)

Dedicado al honor de mi Dios y Señor Jesús.

Con cariño para mi esposa Glandy y mis tres lucesitas,

Glandyta, Laurita Giselle y Wendyta.

INTRODUCCION

¿No es el alimento más que el vestido, y la vida se viste colores cuándo vivimos para la Gloria de Dios?

¡Fuimos creados para la Gloria de Dios! Somos un canto de alabanza a Su Santísimo Nombre!

Estas breves reflexiones, nos permiten enfocarnos realmente en aquello que es importante para nosotros.

Querido lector, léelas al inicio de cada jornada, y pídele a Dios enfocar tu vida y tu mirada en lo realmente prioritario. A veces, nos preocupamos en demasía por aquello que carece de valor.

Sirvan estas meditaciones para darle la gloria al Único Y Sabio Dios, a Él sea la gloria hoy y siempre.

Amén.

LA PROFESION DE FE

Que si confesares con tu boca que Jesús es el Señor y creyeres en tu corazón que Dios lo levantó de los muertos, serás salvo.

Ro. 10:9-10

Cuando somos examinados en nuestra fe, nuestras palabras reflejan lo que tenemos dentro del alma. De la abundancia del corazón habla la boca. Por eso, al confesar a Jesús como Señor, estamos reconociendo que Él es el único Dueño absoluto de todo. Cuando creemos de todo corazón que Dios resucito a Jesús para nuestra debida justificación y que lo que debíamos por nuestros pecados ha sido cubierto en la totalidad por nuestro buen pastor, tenemos la solución eterna a nuestros problemas.

La profesión pública de fe significa reconocer que el sacrificio hecho en la cruz del calvario por Jesús, garantiza el pago del cobro que estaba en nuestra cuenta ante los ojos de Dios. Solamente, Cristo podía satisfacer esta demanda del Padre. Vivamos una confesión de nuestra fe, ejercitemos la profesión que un día nos hizo miembros de una iglesia local, viviendo como seguidores de Jesús.

ORACION:

Te confieso Padre, con mis labios y mi vida. En Cristo Jesús, amén.

AYUDANDO AL NECESITADO

Porque tuve hambre, y me disteis de comer; tuve sed, y me disteis de beber

Mat. 25: 35

De acuerdo a cifras oficiales, el hambre crónica está afectando a muchos países del mundo, y México no es una excepción, pues el diez por ciento de la población padece pobreza alimentaria. El incremento de los precios en la canasta básica ha aumentado el hambre en diferentes regiones de la nación y en algunos lugares, adquirir un huevo de gallina cuesta hasta 3 pesos, lo que lo convierte en un artículo de lujo. ¿Cuál es nuestro papel como cristianos y como iglesias en este sentido? ¿Debemos contribuir para mitigar el hambre? La respuesta es sí. De hecho, como iglesias, deberíamos de crear comedores sociales para ayudar a los desprotegidos, y penetrar las capas de la sociedad más hundidas en la miseria, e incluso con hermanos que llegan a la iglesia y no tienen para comer. Unamos esfuerzos para la gloria de Cristo.

ORACION:

Señor Dios contribuiré para mitigar el hambre en el mundo y en mi comunidad. En Cristo Jesús, amén.

.

SIENDO EJEMPLO DE LOS DEMAS

presentándote tú en todo como ejemplo de buenas obras; en la enseñanza mostrando integridad, seriedad.

Tito 2:7

Una de las tareas de quienes predicamos el evangelio, es mantener una actitud sana y de integridad porque estamos expuestos a ser señalados por el pueblo a quien se ministra, o servir de piedra de tropiezo. Es innegable que el testimonio arroja mucho sobre nuestra imagen. San Pablo podía decir a Tito esta exhortación del versículo de hoy, porque él mismo decía "sed imitadores de mí, como yo de Cristo", y su vida fue un ejemplo de ese cambio maravilloso Esta regla de santidad, sin embargo, debería ser para todos los creyentes y no solo exigirla a los predicadores y pastores. El patrón a seguir es nuestro mismo Señor Jesús. Todos debemos crecer a la estatura del varón perfecto. Antes que señalar a tu pastor, maestro de escuela de formación, anciano, debes revisar tu propia vida.

La orden del Señor, es "sed santos, porque yo soy santo". Y esto nos incluye a todos.

ORACION:

Señor, ayúdame a vivir en santidad. En Cristo Jesús, amén.

DIOS, EL CREADOR DE TODO

En el principio creó Dios los cielos y la tierra.

Genésis 1:1

La majestuosidad de Dios abunda en las Escrituras. Dios pone su sello en toda la Escritura. En el principio creó Dios…Él nos afirma lo que hizo, no deja lugar a dudas. El hombre pretende buscar una explicación de cómo comenzó todo, Dios simple y llanamente nos lo señala: El creó todo, los cielos, la tierra, el universo, y por ello, los cielos cuentan su gloria, una gloria que el mundo no conoce porque ignora su inmenso poder y prefiere fabricarse estatuillas y en su ignorancia, las adora. Dios es incomparable; su magnánima obra, nos llena de asombro cada día con hermosos amaneceres, emocionantes caídas de la tarde, una noche tachonada de estrellas, y en todo, brilla permanente, el sello de Dios, su belleza.

Adoremos al Señor por ser nuestro único Creador. "Él nos hizo , y no nosotros a nosotros mismos". Tenemos un excelso Padre que es el Señor del Universo.

ORACION:

Todopoderoso Señor, alabo Tu poderoso Nombre. En Cristo, amén.

PALABRAS DE ANIMO EN MEDIO DE LA PRUEBA

Procura con diligencia presentarte a Dios aprobado, como obrero que no tiene de qué avergonzarse, que usa bien la palabra de verdad.

2 Timoteo 2:15

Durante la persecusión religiosa iniciada por Nerón, los cristianos sufrieron la muerte a manos de los soldados. San Pablo escribe su famosa Segunda Carta a Timoteo, precisamente en esta época, y es de admirar la exhortación (exhortar significa animar, no regañar), "procura presentarte a Dios aprobado", cuando le escribía desde la mazmorra mamertinna, en Roma, esperando para su ejecución. San Pablo había sido librado de la boca del león, y finalmente, fue ejecutado por un verdugo, pero mantuvo su fe hasta el final, "he peleado la buena batalla", señaló ante un Timoteo que seguramente debe haber vertido lágrimas ante este testimonio. Procuremos, como Pablo, animar a aquellas que sufren, aun cuando estemos en medio de pruebas atroces, porque esto da evidencias de nuestra fe.

ORACION:

Quiero testificar de Ti, aunque este en la prueba más cruel. En Cristo Jesús, amén.

FRUTOS PARA EL REINO

En esto es glorificado mi Padre, en que llevéis mucho fruto, y seáis así mis discípulos.

Juan 15:8

¿Cuántos frutos hemos traído al Señor en todos nuestros años en el ministerio? ¿Hemos hecho algún recuento del impacto que nuestras acciones han contribuido para la extensión del reino de Dios en esta tierra? ¿O somos de aquellos que solamente nos conformamos con asistir a los servicios del domingo en la mañana? Cristo nos invita en este pasaje a traer fruto para la gloria de Dios. Recordemos que el que gana almas es sabio, y que el que haga volver al pecador del error de su camino, salvará de muerte un alma y cubrirá multitud de pecados (Prov. 11:30, Sant. 5:20). Usemos cualquier conversación para hablar de Cristo, compremos folletos, ayudemos a alguien y nuestro testimonio dirá mucho de lo que creemos, en fin, cualquier cosa que hagamos y dígamos que se para la gloria de Aquel que nos salvó, “de pura gracia”.

ORACION:

Ayúdame a ser un instrumento tuyo. En Cristo Jesús, amén.

LA ESCALERA DEL CRECIMIENTO CRISTIANO: LA FE. (1)

..vosotros también, poniendo toda diligencia por esto mismo, añadid a vuestra fe virtud; a la virtud, conocimiento;

2 Pedro 1:5

Existe una escalera del conocimiento que es la clave para ascender en la vida cristiana. El primer paso es la fe, porque sin fe, es imposible agradar a Dios, esa fe que tiene la seguridad de recibir. Todos tenemos fe, el problema es que la hemos enfocado en lo negativo, y la desesperanza es una forma negativa de fe. Nos es más fácil creer que todo nos saldrá mal, antes que estar seguros de recibir lo bueno. Debemos enfocarnos a creer que Dios nos llamó a esperanza, y que Él tiene pensamientos de bien y no de mal (Jer. 29:11). No debemos presuponer que todo nos saldrá mal, esa es la tendencia de nuestra carne, pero la verdad es que el Señor nos llamó a una esperanza bienaventurada, a ser salvos de la ira de Dios. La fe es un instrumento que usamos cada día, pero debemos usarla para bien, creyéndole a Dios en Su Palabra.

ORACION: Creo Tu Palabra, Señor. Amén.

GUARDANDO LA PALABRA DEL SEÑOR

Hijo mío, guarda mis razones, Y atesora contigo mis mandamientos.

Prov. 7:1

Quisiéramos que nuestros hijos, buscaran el rostro del Señor y fueran hombres y mujeres de bien. Pensamos en la mejor escuela para ellos, nos preocupamos de hablar con sus profesores sobre su desempeño académico, y acudimos al médico cuando están enfermos, les hacemos los análisis, y les compramos las medicinas. Sin embargo, la Biblia nos aclara perfectamente que guardar los principios sagrados de la Escritura, permitirán a nuestros hijos enfrentar esta vida con éxito. Las Escrituras nunca dicen que no tendremos problemas, ni aseguran una falsa prosperidad, si no que nos enseñan que si guardamos los mandamientos del Señor, tendremos la fortaleza para encarar los problemas, y las cosas se solucionarán de acuerdo a la voluntad de nuestro buen Padre. Enseñemos a nuestros hijos a guardar la Escritura, a respetarla y amarla, y veremos frutos en sus vidas.

ORACION:

Señor, quiero enseñar a mis hijos de Tus Caminos. Ayúdame Padre. En Cristo Jesús, amén.

LA ESCALERA DEL CRECIMIENTO CRISTIANO: VIRTUD (2)

añadid a vuestra fe virtud

1 Pedro 1:5

La palabra virtud, significa rectitud, así que uno de los ingredientes que se requieren para subir en esa escalera del crecimiento cristiano, es sin duda, una vida recta. San Pablo, en su carta a los efesios, cuando describe la armadura de Dios, menciona, "ceñidos vuestros lomos con la verdad", aludiendo a la vida de rectitud que debe de caracterizar a todo cristiano, una vida ejemplar como lo señala el Catecismo de Fe de Westminster. Vivir rectamente es elegir comportarse muy correctamente en todas las circunstancias, porque "todo lo que hagais de palabra o de hecho, hacedlo en el Nombre de Jesús" aconsejaba Pablo. Conducirse de acuerdo a los principios bíblicos, no conforme al mundo, aunque nadie comprenda esta actitud, porque el mundo no entiende las cosas espirituales. Seamos honestos, leales, y que la gente reconozca, que hemos estado con Jesús.

ORACION:

Señor, ayúdame a vivir rectamente. En el Nombre de Jesús, amén.

AYUDA A LOS HERMANOS

Hay quien todo el día codicia, pero el justo da, y no detiene su mano

Prov. 21: 26

¿Somos avaros para ayudar a nuestros hermanos en desgracia? Cuando sepamos que alguien de nuestros hermanos está pasándola muy complicado con su situación económica, o la enfermedad ha tocado a sus puertas, e incluso no tienen quien les ayude, es cuando el pueblo de Dios puede sacar fuerzas de flaqueza y apoyar al necesitado. Una misión muy pequeñita que conozco, se caracteriza por ayudar a un hombre que vive solo, y todos los días le llevan comida, de lunes a domingo. Nuestro buen Jesús nos enseña a ser misericordiosos, a extender el corazón con el necesitado, practicar el amor, no siendo avaros si no actuando con verdadero amor, al darles lo que requieren: Comida, apoyo emocional, barrer su casa si están enfermos, visitarles con una despensa, en fin, que el Señor nos guíe a los necesitados.

ORACION:

Señor, ayúdame a no cerrar mi corazón al necesitado. En Cristo Jesús, amén.

¿QUÉ HUELLA DEJARE A MI PASO POR ESTA TIERRA?

"Así alumbre vuestra luz delante de los hombres, para que vean vuestras buenas obras, y glorifiquen a vuestro Padre que está en los cielos.

Mateo 5:16.

Lectura Bíblica Mateo 5:13-16.

Sin duda que la huella más famosa es la de Neil Amstrong, el primer astronauta en caminar sobre la superficie de la luna. Pero la huella más importante es nuestro testimonio. Si somos luz para quienes viven a nuestro derredor y la gente glorifica a Dios por nuestras buenas obras, estaremos cumpliendo nuestra función de anunciar a Cristo con una vida ejemplar, y la huella que dejemos a nuestro paso por el mundo dará la gloria a Dios. Sin embargo, si somos tropezadero por nuestro mal comportamiento y la gente se queja de nosotros, el nombre de Dios será blasfemado por culpa nuestra. Seamos testimonio digno brillando para enaltecer a Dios, y dejaremos huellas imborrables de amor en el peregrinaje de la vida.

ORACION: Señor, permíteme ser una luz que alumbre en lugar oscuro, y dejar una huella que te glorifique. Por Cristo Jesús, amén.

EL PESO DEL EQUIPAJE

Venid a mí todos los que estáis trabajados y cargados, y yo os haré descansar

Mateo 11:28

Lectura Bíblica Mateo 11:25-30

¿Cuál es el equipaje que llevamos en nuestra travesía por esta vida? ¿Estamos cargados de dolor, culpa, fracasos, miedos? El complejo de culpa vive atormentando a muchos en este siglo XXI, y la depresión es sin duda el enemigo a vencer en los consultorios de psicología, porque vivimos sobrecargados de miedos y dudas, con profundas cicatrices que tienen sus raíces en el pasado. Parece que ya no podemos seguir y nuestro caminar por este mundo parece ser una tortura, y a veces, queremos rendirnos. La carga es demasiado pesada para llevar.

Acudamos a Jesús que con Su luz esplendente, y su divino fulgor, ilumina nuestra alma con Su paz, Su bondad y Su luz. Si acudes a Él, Su promesa es que te dará el descanso que tu alma necesita.

Ven a Jesús hoy.

ORACIÓN:

Acudo a Ti, Señor. Estoy cansado y cargado de miedos y dudas. Por favor dame tu descanso. Te lo ruego por Jesucristo, amén.

VESTIDOS CON LAS ARMAS DE LA LUZ

Para esto apareció el Hijo de Dios, para deshacer las obras del diablo.

1 Juan 3:8.

Lectura Bíblica 1 Juan 3

Problemas en los hogares, divisionismo en las iglesias, peleas en los trabajos... Detrás de todas estas cosas, advertimos la sombra de Satanás, el diablo.

Vida integrada, llena de amor, servicio, con lazos fraternos, luchando por un mundo mejor, unidos, tomados de las manos anunciando a Dios, estas son manifestaciones de la obra de Cristo Jesús en la vida de los creyentes.

Cristo Jesús destruyó en la cruz al diablo (Hebreos 2:14), y deshizo sus obras que son la división, la maldad, y todas los frutos de la carne que señala Gálatas 5:19. El poder majestuoso de Cristo rompe las ligaduras satánicas cuando con fe nos acercamos a suplicarle perdón y entregamos nuestra vida en servicio y adoración a Su Nombre, ayudando a los demás con corazón alegre. Vistámonos con las armas de la luz practicando el amor y el perdón entre nosotros, porque en Cristo somos más que vencedores.

ORACIÓN:

Señor Jesús, gracias por deshacer las obras del diablo y darnos la vida eterna. Amén.

EL PESO DE LA CARNE

Porque lo que hago, no lo entiendo; pues no hago lo que quiero, sino lo que aborrezco, eso hago. Romanos 7:15

Lectura Bíblica Romanos 7

Pecado quiere decir "errar el blanco", y se refiere a cuando los arqueros pretenden darle en el centro de una circunferencia con su flecha y fallan. Así nosotros, al ser pecadores, erramos de la perfecta voluntad de Dios y sufrimos las consecuencias. Pero, ¡Cuánto nos duele pecar! El sentimiento de culpa nos inunda y sentimos profundamente haber caído en la tentación. A veces, es una mentira, una ira que no controlamos y se vuelve una batalla, ó un mal pensamiento. Sentimos el peso de la carne y como el apóstol pablo, decimos: Porque lo que hago, no lo entiendo; pues no hago lo que quiero, sino lo que aborrezco, eso hago.

Gracias a Dios, que la Palabra del Señor nos da una solución. Si alguno hubiere pecado, tenemos a Cristo Jesús, que por haber sido tentado, es poderoso para socorrer a los que son tentados .Acudamos a Él, y quitémonos el peso del pecado, confesándolo.

ORACION:Gracias Padre que por los méritos de Cristo Jesús, puedo acercarme a Ti y pedirte perdón. Amén.

BAJO EL ABRIGO DE DIOS

El que habita al abrigo del Altísimo, morará bajo la sombra del Omnipotente.

Salmo 91:1

Lectura Bíblica Salmo 91

A veces, nos sentimos vacíos, como si una tristeza intensa nos embargara el alma y nada pudiera consolarnos en medio de ese dolor que lastima y penetra el corazón, como si estuviéramos solos en nuestros problemas. En ese momento de desánimo cuando se bajan nuestras emociones, recordemos que estamos bajo la poderosa mano de Cristo Jesús, protegidos bajo Su excelsa sombra y nadie puede destruirnos, porque Dios nos ama más allá de lo comprensible, y El aliviará nuestro corazón quebrantado con Su amor, ese bálsamo por excelencia que todo lo cura, y la tristeza y el gemido huirán, porque El está con nosotros, cambiará nuestro lamento en baile, con el olor de Su fragancia que reanima el alma herida. Estamos bajo Su protección, rodeados por el poder mayor de todo el universo creado.

ORACIÓN:

Gracias Padre, porque estoy seguro bajo Tus alas, y nadie puede separarme de Tu amor. Gracias, en Cristo Jesús, amén.

EL MEJOR CONSEJERO

El consejo de Jehová permanecerá para siempre; Los pensamientos de su corazón por todas las generaciones

Salmo 33:11

Lectura Bíblica Salmo 33

Dios es nuestro mejor consejero. Su bondad y amor no tienen límites. El sabe como guiarnos a la mejor decisión, y cuando las cosas no salen como quisiéramos, debemos ver cuál es su plan en medio de todas las cosas de nuestra vida.

José salió de la cárcel para ser gobernador de Egipto, pero antes de todo tuvo que sufrir la ingratitud de sus hermanos, el dolor de no ver a su padre por muchos años, la injusta acusación de la mujer de Potifar, y muchas horas de soledad, pero el consejo del Señor lo mantuvo de pie, aunque a veces fuera atribulado. Al tomarnos de la mano de Dios, El nos llevará por el buen camino , porque Su voluntad es lo mejor para nosotros.

Busquemos siempre el consejo de Dios al tomar nuestras decisiones. Su sabia dirección está a una oración de distancia.

ORACION:

Gracias Señor por guiarme en Tus consejos. En el amor de Cristo Jesús, amén.

EL BUEN PASTOR

Yo soy el buen pastor; el buen pastor su vida da por las ovejas.

Juan 10:11

Lectura Bíblica Juan 10

Nuestro amado pastor dio su vida por nosotros. Nos arrebató de la boca del lobo y nos trajo a su rebaño sagrado, rompiendo las cadenas que nos ataban, esas espantosas ligaduras del pecado que nos tenían cautivos a la voluntad del mal, y llevándonos a Su reino de luz y amor, donde la bondad nos inunda.

Nuestro buen Jesús es el pastor por excelencia, el que dio su vida por sus ovejas, que somos los creyentes en Cristo, ese pueblo que redimió al costo de Su propia sangre.

Sin embargo, pareciera que los creyentes no valoramos ese hermoso sacrificio, porque no confiamos en la pericia de Jesús para dirigirnos hacia verdes pastos, dudamos de Su bondad, y nos quejamos de Él, cuando debemos asumir el costo de nuestros errores.

Antes que quejarnos, debemos confiar en Su habilidad y sobre todo, en Su amor y sabiduría.

ORACION:

Gracias buen pastor, por llevarme a verdes pastos. En Cristo Jesús, amén.

EL TRABAJO ES UNA BENDICION.

Porque oímos que algunos de entre vosotros andan desordenadamente, no trabajando en nada, sino entremetiéndose en lo ajeno.
A los tales mandamos y exhortamos por nuestro Señor Jesucristo, que trabajando sosegadamente, coman su propio pan.

2 tesalonicenses 3:11-12.

Lectura Bíblica 2Tesalonicenses 3

Para la gente común, e incluso en el pueblo de Dios, existe la idea de que el trabajo es parte de la maldición que Dios dictó al reprender a la primera pareja humana, y se considera que, por cuanto somos pecadores, tenemos que trabajar. En contraste el Apóstol Pablo llama la atención con estas palabras en 2 Tesalonicenses 3:11, "Porque oímos que algunos de entre vosotros andan desordenadamente, no trabajando en nada, sino entremetiéndose en lo ajeno". Y la mención de Pablo es severa al señalar que Si alguno no quiere trabajar, tampoco coma El trabajo es una bendición y nunca un castigo. La maldición sería sobre la tierra que no nos daría más su fuerza, y requeriríamos de un mayor esfuerzo, pero nunca sería algo malo trabajar. ORACION:

Gracias Señor, por la bendición del trabajo. En Cristo Jesús, amén.

DEBEMOS CONSULTAR SOLO A DIOS

Y quitó a los sacerdotes idólatras que habían puesto los reyes de Judá para que quemasen incienso en los lugares altos en las ciudades de Judá, y en los alrededores de Jerusalén; y asimismo a los que quemaban incienso a Baal, al sol y a la luna, y a los signos del zodíaco, y a todo el ejército de los cielos.

2 Reyes 23:5

Lectura Bíblica 2 Reyes 23

Es común que durante la mañana, muchas personas compren el periódico para consultar el horóscopo y ver lo que el destino les depara para esa jornada.

El Rey Josías tuvo un gran celopor guardar las cosas de Dios, y barrió con encantadores, adivinos y quitó a todos los sacerdotes que ofrecían sacrificios a Asera, a los signos del zodíaco y derribó los lugares de prostitución idolátrica.

Es claro que debemos consultar sólo a Dios, y no buscar algo que es abominación al Señor, porque Dios no tendrá por inocente al culpable. Si alguna vez hemos caído en estas prácticas, arrepintámonos y volvamos a Dios con corazón humilde.

ORACION:

A Ti, Señor, será mi alabanza, y sólo en Ti confiaré. Si he buscado otra fuente fuera de Ti, perdóname. Te lo ruego por Cristo, amén.

CONTENTOS EN TODA CIRCUNSTANCIA

He aprendido a contentarme cualquiera que sea mi situación

Filipenses 4:11

Lectura Bíblica Filipenses 4

Alabemos a nuestro Dios Eterno en medio de las circunstancias de nuestra vida. Sirvamos a Dios como un canto de alabanza a El, en todo momento.

Como San Pablo, debemos aprender a vivir confiados en el amor de Dios, cualquiera que sea la situación, y darle las gracias siempre, sea en alegría o tristeza, en dolor o enfermedad así como en salud y reposo, en carestía o en abundancia. San Pablo decía: “He aprendido a contentarme cualquiera que sea mi situación”, y continuaba: “sé vivir humildemente y sé tener abundancia; en todo y por todo estoy enseñado”.

Estas palabras sabias y santas surgen de un corazón convencido del poder de Dios, que había padecido decepciones, traiciones, hambre, cárcel y persecución, que había aprendido a confiar en Dios a cada instante.

Seamos cristianos de toda circunstancia.

ORACIÓN: Señor de paz, enséñame a creer en Ti en toda circunstancia. Por Jesucristo, amén.

EL CANTO DE LA CREACIÓN

Todo lo que respira alabe a Jehová.

Salmo 150: 6.

Lectura Bíblica Salmo 150

Escuchando un grillo con su clásico cricri en una cálida noche, reflexioné sobre el gran canto que la creación entona cada día a Su Hacedor. Los pájaros le cantan al amanecer y al caer el atardecer, los ríos tienen su propia voz y el mar rompe sus olas majestuosas en la playa, y juntos entonan sus voces para adorar al Creador de todas las cosas.

¿Y nosotros, cómo alabamos a Dios, como le cantamos cada día?

Seamos notas alegres que den sus voces para entonar una gran melodía a nuestro buen Padre Celestial por Su misericordia y verdad. Nuestra melodía será agradable a Sus ojos, cuando le servimos a los demás, ayudamos al afligido, visitamos al enfermo en el hospital y en sus casas, y al preso en la cárcel.

Trabajemos unidos para cantar alabanzas al Señor con nuestras vidas.

ORACIÓN:

Señor, permíteme ser una melodía que cante alabanzas a Tu Nombre. Por Cristo, amén.

LA VICTORIA QUE VENCE AL MUNDO

Y esta es la victoria que ha vencido al mundo, nuestra fe.

1 Juan 5:4

Lectura Bíblica 1 Juan 5: 1- 5

La moneda que compra la victoria sobre el mundo, es la fe. Por fe destruimos el poder del maligno en nuestras familias y en las iglesias, que nos ha arrebatado por no enfrentarlo con valor. Por la fe en el Nombre de Cristo Jesús recibimos la salud física y espiritual, y recuperamos nuestros hogares, rompemos el fracaso, creyendo en que somos mejores. Debemos llamar a las cosas que no son como si fuesen. Nos lamentamos del fracaso en lugar de creer que Dios nos ha dado la victoria. Creamos de todo corazón, porque si creyéramos veremos la gloria de Dios. Es la hora de creer y vencer. Rompamos con nuestra fe, los dardos de fuego del maligno, y llevemos a nuestras familias e iglesias a un mundo de amor y confianza, con sólo creerle a Dios.

ORACIÓN:

Te creo Señor, Tú eres mi victoria. Por Cristo Jesús, amén.

FABULAS HUMANAS.

Desecha las fábulas profanas y de viejas. 1 Timoteo 4:7

Lectura Bíblica 1 Timoteo 4

El código Da Vinci es una película que intenta probar que es el Señor Jesucristo tuvo descendencia y sus hijos viven en la India.

Andreas Faber Kaiser escribió un libro intitulado "Jesús vivió y murió en Cachemira" que busca demostrar con pruebas falsas que Cristo Jesús sólo era un humano que quiso ser Dios.

Sin embargo, la palabra de Dios nos dice que el propósito del nacimiento virginal de Cristo, su vida de servicio y su muerte expiatoria fue con el propósito de salvarnos de la muerte eterna, y enseñarnos una vida de servicio en amor.

San Pablo lo resume: Dios fue manifestado en carne, Justificado en el Espititu, visto de los ángeles, predicado a los gentiles, creído en el mundo, recibido arriba en Gloria.

Lo demás, sólo son fabulas

ORACIÓN: Señor, enséñame a creerte sólo a ti, y no a las fábulas del hombre, en Cristo Jesús. Amén.

EL EVANGELIO DE SALVACION

Que si confesares con tu boca que Jesús es el Señor, y creyeres en tu corazón que Dios le levantó de los muertos, serás salvo.

Romanos10:9

Lectura Bíblica Romanos 10.

La Biblia declara que, cuando reconoces en tu corazón el sacrificio de Cristo Jesús en la cruz del calvario, eres salvo. La muerte de Jesús en aquella calurosa tarde en la tierra de palestina, tuvo un sentido redentor, es decir, fue en rescate por los pecados del ser humano. Pero, ¿de qué deberíamos salvarnos, te has preguntado querido lector? Cuando Adán y Eva cayeron bajo las garras del maligno y desobedecieron, todos los seres humanos quedamos encadenados al diablo, y de esta forma el castigo divino sobre el pecado es la muerte eterna, es decir, al infierno. Dios mismo tuvo que hacerse hombre y llevar sobre sí mismo el castigo que nosotros merecíamos. Solamente Cristo puede salvarte, si lo recibes en el corazón.

ORACION: Gracias Jesús por Tu excelso sacrificio en la cruz del calvario. Amén.

EL ISRAEL DE DIOS

Esto es: No los que son hijos según la carne son los hijos de Dios, si no los que son hijos según la promesa con contados como descendientes.

Romanos 9:8

Lectura Bíblica Romanos 9.

Ser llamados a formar parte del pueblo de Dios, no es por herencia. La nación de Israel rechazó al Mesías sufriente, Jesús de Nazareth, y se abrió la puerta para los que no somos judíos según la carne, es decir, no nacimos en ese país, y somos llamados gentiles: Los cristianos. El pueblo de Dios, el verdadero Israel de Dios está formado por aquellos que han recibido a Cristo como Su Señor y Salvador y le siguen. "Y yo las conozco y me siguen, y no perecerán jamás ni nadie las arrebatará de la mano de mi Padre", afirmó Jesús al referirse a quienes le seguiríamos, el pueblo que compró con Su Sangre preciosa. Cristo derribó con Su muerte la barrera entre judíos y gentiles y formó un pueblo santo para Su Nombre, el verdadero Israel de Dios.

ORACION:

Gracias Señor por permitirme formar parte de Tu Pueblo. Por Cristo Jesús, amén.

EL LLAMAMIENTO DE DIOS

Y los que predestinó, a éstos también llamó.

Romanos 8:30.

Lectura Bíblica Romanos 8:28-37.

Ser llamados por Dios para servirle es un privilegio que tenemos quienes hemos sido elegidos para el servicio del Señor. Antes de los tiempos de los siglos, nuestro Dios eligió a un número de personas para recibir la salvación en Cristo Jesús. Hay quien piensa que Dios debería salvar a toda la Humanidad, y que nadie se perdiese. Sin embargo, Dios sólo escogió a una porción de la raza humana. Mis ovejas oyen mi voz, dice Jesús, y estas ovejas son aquellas personas que escuchan la voz de Dios, los que le siguen con pasión. Esto debería volvernos humildes, porque si Él se dignó llamarme, con todos mis defectos y debilidades, siendo que no hay en mi cosa buena, es por Su amor, por Su misericordia, pues debido al pecado todos quedamos fuera de la gloria de Dios. Él me llamó para Su gloria y debo agradecerle con todo mi corazón el privilegio de conocerle.

ORACIÓN:

Gracias Jesús por llamarme para Tu gloria. Amén.

EN EL FOSO DE LOS LEONES

Entonces se juntaron aquellos hombres, y hallaron a Daniel orando y rogando en presencia de su Dios.

Daniel 6: 11

Lectura Bíblica Daniel 6.

¿Cuál fue la razón por la que Daniel fue echado en el foso de los leones, y cuál fue la respuesta de Dios? Los enemigos de Daniel urdieron un plan por envidia, puesto que el mismo rey lo había nombrado como tercer gobernador del reino. El plan consistía en el que cualquiera que fuese sorprendido orando o rogando a otro dios u hombre fuera del rey, sería echado en el foso de los leones.

Esta idea estaba dirigida a Daniel, para acusarle porque sabían que él seguiría orando, a pesar del peligro.Y así fue. Sus enemigos lo sorprendieron en la oración, y lo echaron al foso de los leones. Pero Dios premió su fe, cerrando la boca de los leones, y salvándole la vida. Cuando tenemos la fe en Dios y oramos con devoción y sin importar las consecuencias de seguir a Dios, Él nos sustenta y protege.

ORACIÓN: Señor, como Daniel ayúdame a tener siempre fe en Ti y orar con todo mi corazón. En Nombre de Cristo Jesús. Amén.

LA GRACIA DE DIOS

Porque por gracia sois salvos por medio de la fe; y esto no de vosotros, pues es don de Dios.

Efesios 2:8

Lectura Bíblica Efesios 2:1-10.

La divina gracia que nos salvó, es aquella hermosa cualidad de Dios que significa el darnos un regalo que no merecemos. La gracia es esa bella disposición de nuestro Señor para librarnos del maligno, comprados por precio de sangre con la muerte de Jesús, y darnos la vida eterna por el puro afecto de Su voluntad, esa voluntad que nos hizo aceptos por amor. La gracia de Dios nos alcanzó cuando estábamos muertos en delitos y pecados, porque el ser humano vivía la corrupción total sin conocer la luz del evangelio, y Cristo Jesús vino a este mundo a alumbrarnos con Su luz preciosa para sacarnos de ese pozo de la desesperación, del lodo cenagoso. Lo hizo por amor, nadie merece ese amor, y ese amor se expresa en Su gracia, como un acto de bondad. Proclamemos al mundo esa gracia que nos salvó, predicándole.

ORACION:

Bendito seas Dios por Tu gracia para conmigo. Por Cristo Jesús, amén.

LA MALDAD DEL SER HUMANO

Se han corrompido e hicieron abominable maldad, no hay quien haga el bien.

Salmo 53:1

Lectura Bíblica Salmo 53.

La maldad está presente con mucha intensidad en nuestro alrededor. No sólo abundan los delincuentes, y los delitos están por todos lados, llenándonos de angustia. La muerte nos rodea con sus garras. Esto nos habla de la corrupción total del Hombre, que la Biblia enseña tan claramente en muchos pasajes (Génesis 3,Salmos 14 y 53, Romanos 3:23, y 6:23), la condición del ser humano que dejó a Dios y se entregó con avidez a toda clase de maldades. Sin embargo, a este mundo corrupto, Dios envío a Su Hijo Jesús a morir para pagar el precio de este pecado que es la muerte. A pesar de ser pecadores, Cristo murió por nosotros, y este es el mensaje que debemos transmitir a los demás, que debe ser nuestra plática diaria:Que hay esperanza y esta se encuentra en Cristo Jesús.

ORACION:

En Ti Señor está mi esperanza, y te anunciaré cada día de mi vida. Por Cristo Jesús, amén.

LA MISERICORDIA DE DIOS

Misericordioso y clemente es Jehová; lento para la ira, y grande en misericordia.

Salmo 103:8

La misericordia de Dios significa que no recibimos el peso de la justicia de Dios por nuestros pecados, si no que se nos trata con buena voluntad. Al tener misericordia de nosotros, Dios extiende Su corazón con pura bondad al ser humano caído. Jesús mismo es el corazón de Dios hecho carne que toma todo el amor de Dios y lo derrama abundantemente por nosotros en la cruz del calvario para darnos oportunidad de salvarnos, derramando cada gota de Su sangre por ti y por mí. Al caer en el pecado nos apartamos de la senda del bien y nos metimos en el camino de los malos. Dios nos ve con clemencia, con ojos de perdón y amor, nos viste de Su gracia y nos justifica, es decir, nos hace justos, viéndonos a través de Su Hijo Jesús, el perfecto Hijo del Padre. Su misericordia es una expresión de Su Santo ser pleno de bondad que nos ama entrañablemente.

ORACION:

Gracias Señor por enviarnos en Jesús, tu misericordia. Amén.

LA VERDADERA ADORACION

Dios es Espíritu; y los que le adoran, en espíritu y en verdad es necesario que adoren.

Lectura Bíblica Juan 4:1-42.

¿Qué significa adorar? Es reconocer la grandeza de Dios y rendirnos a El con corazón expectante, buscando Su Gloria porque solamente es digno de toda honra. Es reconocer que es el Único que merece todo el respeto, la devoción y la entrega, porque dio Su santa vida para darnos vida. ¿Cómo adorarle? Jesús declara: En espíritu y verdad. Adoro a Dios siendo veraz, teniendo un espíritu afable, alabando Su santo nombre con cánticos, en oraciones de alabanza donde reconozco Su alteza, Su misericordia y bondad. Vivir por Cristo en pureza y verdad, como reza el antiguo himno, para agradarle. Lo adoro al pasar tiempo privado con El en íntima comunión, orando, rogándole, reconociendo que nadie más puede sacarnos de las tinieblas a la luz, y sobre todo, obedeciéndole, al practicar el amor que El me enseñó.

ORACION: Te adoro Señor, con todo mi corazón. En Cristo Jesús. Amén

NO ESTAMOS SOLOS

Bienaventurado aquel cuyo ayudador es el Dios de Jacob, cuya esperanza está en Jehová su Dios.

Salmo 146:5

Lectura Bíblica Salmo 146.

La gente de hoy vive con desesperanza, con angustia y miedo, temiendo el mañana, destruyendo el presente y muriendo por un futuro que no ha llegado. La luz de Jesús nos muestra que no estamos solos, y que la más alta gracia del universo, vela por nosotros con cuidado paternal, para llenar nuestras vidas de sonrisas y esperanzas. Aun cuando estemos atribulados por las dudas, por los peligros de la vida moderna, confiemos en el eterno amor de Dios que sobrepasa toda expectativa nuestra, porque Sus pensamientos son más altos que los nuestros y Sus caminos infinitamente superiores a los nuestros. Él tiene planes para nosotros y nos sacará a abundancia. Las angustias primeras serán olvidadas, y llegaremos hacia Su casa de amor, con la sonrisa en los labios, porque Él nos sacó de las tinieblas y nos llevó a su luz admirable. Confiemos en Él. Todavía no ha acabado de tratar contigo, hermano, lo mejor está por venir.

ORACION:

Gracias Jesús por estar conmigo siempre. Amén.

VIVIENDO EN SANTIDAD

Seguid la paz con todos y la santidad, sin la cual nadie verá al Señor.

Hebreos 12:14

Lectura Bíblica Hebreos 1Pedro 1: 13-25.

¿Qué significa la santidad? En la primera carta universal del Apóstol Pedro, se nos señala una orden de nuestro Dios que las más de las veces se desconoce: Sed santos. Y esta orden de Dios implica que no debemos conformarnos a los deseos que antes teníamos cuando estábamos en la ignorancia, y, como nos detalla el escritor sagrado, debemos conducirnos "en temor todo el tiempo de la peregrinación" Este temor no significa vivir con terror hacia Dios si no en respetar Sus mandamientos. La santidad significa ser purificados por la obediencia a la Palabra del Señor y se expresa con amor fraternal, es decir de hermanos, pero no fingidamente, no con la levadura de la hipocresía que muchas veces permea nuestras relaciones, si no con sinceridad. La santidad es estar separados para Dios, como elegidos de Él, llamados a ser santos.

ORACIÓN:

Santifícame en Tu Palabra Señor. Por Jesucristo, amén.

UNA VERDADERA CONVERSION

Rasgad vuestro corazón, y no vuestros vestidos, y convertíos a Jehová vuestro Dios.

Joel 2:13

Lectura Bíblica Joel 2.

¿Cuál es la evidencia de una verdadera conversión a Dios? ¿Una continúa asistencia a los servicios y actividades de la iglesia? ¿Una ofrenda más grande? La Palabra de Dios es muy clara al señalarnos que por los frutos seremos conocidos. Por la manera en que actuemos en el día a día con la familia, los amigos e incluso, los enemigos. El cambio que Dios opera en el corazón del hombre, trae efectos, que son evidentes. Es bueno participar en las actividades de la iglesia, y ofrendar generosamente, pero no deben ser el fin principal. Al convertirnos, la prioridad es darle la gloria a Dios, que la gente pueda ver que somos distintos, porque si actuamos igual que los demás, decimos las mismas malas palabras, y los mismos chistes ofensivos, no damos evidencia de ser salvos. Dios busca una conversión verdadera, y no de nombre. Ofrezcamos a Dios un verdadero acto digno de arrepentimiento, siendo diferentes.

ORACION: Padre, dame una verdadera conversión a Ti. En el Nombre de Cristo Jesús. Amén.

LAS PRUEBAS SON EL TAMIZ DE DIOS

En lo cual vosotros os alegráis, aunque ahora por un poco de tiempo, si es necesario, tengáis que ser afligidos en diversas pruebas, para que sometida a prueba vuestra fe, mucho más preciosa que el oro, el cual aunque perecedero se prueba con fuego, sea hallada en alabanza, gloria y honra cuando sea manifestado Jesucristo

1 Pedro 1: 6-7

El tamiz permite obtener los mejores granos. El proceso requiere de hacer pasar por una malla los granos y así se quedan atrapadas las impurezas. Así, en la primera carta de San Pedro, Dios nos enseña que somos afligidos en diversas pruebas para probar nuestra fe, y se eliminen las anomalías. A veces, el tamiz que nos prueba es una enfermedad que sacude nuestra fe. En otras, son las carencias económicas, las afecciones emocionales, las pérdidas materiales o incluso, la muerte de un ser querido. El propósito de estas pruebas es mostrar si la fe que tenemos es de oro o de hojarasca, una saldrá aprobada, la otra puede caer en el momento supremo. Seamos buenos granos para el Señor.

ORACION:

Señor, ayúdame en las pruebas a afirmarme en Ti. Por Cristo Jesús, amén.

LA CONCIENCIA ES LA VOZ DEL ESPÍRITU SANTO

Dando testimonio su conciencia, y acusándoles o defendiéndoles sus razonamientos.

Romanos 2:15

Lectura Bíblica Romanos 2

Esa voz que parece hablarnos en el interior y a la cual denominamos conciencia, es el Espíritu Santo que nos constriñe cuando realizamos un acto malo y es llamado corazón, como un término equivalente en las Escrituras. Nuestro corazón recibe el consejo de Dios (el consejo de Dios permanece en el corazón del hombre). Un corazón contrito y humillado revela nuestra propia alma, cuando el Espíritu Santo nos conmueve. Es ese corazón sacudido por el pecado el que recibe el toque magnánimo del Espíritu para buscar el perdón divino con sinceridad. Mi conciencia me da testimonio en el Espíritu Santo, señala San Pablo en Romanos 9:1. No seamos sordos a la voz del Espíritu de Dios y atendamos Su llamado de atención cuando nos señala los errores. El hacerlo, es evidencia de sabiduría.

ORACION:

Gracias Cristo Jesús porque Tu Espíritu habla a mi corazón y me enseña lo bueno y lo malo. Amén.

ADAN Y CRISTO.

Porque así como por la desobediencia de un hombre los muchos fueron constituidos pecadores, así también por la obediencia de uno, los muchos serán constituidos justos.

Lectura Bíblica Romanos 5.

El primer ser humano creado, Adán, fue puesto en el jardín del Edén para que lo labrase. La única condición para recibir para siempre la bendición divina, y no sufrir jamás, consistía en obedecer una orden clara de Dios: No comer del árbol de la ciencia del bien y del mal. Obedecer. Sin embargo, el hombre, desobedeció la orden, y junto a su esposa, comieron del fruto y pecaron. Le creyeron al maligno.

Al fracasar, condenaron a la raza humana a la perdición eterna. Estábamos sin solución. Pero en el plan de Dios, Él envió a Su Hijo con dos naturalezas, hombre y Dios a la vez. Hombre sin pecado porque nació del Espíritu, y Dios, porque siempre ha existido. Cristo Jesús cumplió con la ley de Dios al obedecer perfectamente, y pagó lo que debíamos al morir en la cruz, siendo resucitado. Él es el segundo Adán, perfecto en obediencia.

ORACION.

Gracias Jesús por Tu obediencia. Amén.

CRUCIFICADOS CON CRISTO

Con Cristo estoy juntamente crucificado, ya no vivo yo, más vive Cristo en mí; y lo que ahora vivo en la carne, lo vivo en la fe del Hijo de Dios, el cual me amó y se entregó a sí mismo por mí.

Gálatas 2:20.

Lectura Bíblica Gálatas 2:11-21.

La palabra "carne" en la Biblia, proviene del vocablo Sarkis, que alude a la tendencia pecaminosa que heredamos de Adán. En la experiencia de San Pablo, como lo fue en la de Juan el bautista cuando decía que él debía menguar y Cristo crecer, debemos dejar que sea Jesús en nosotros quien actúe. Estar crucificado con Cristo, es identificarme con Su sacrificio, como si al morir en la cruz, hubiera muerto yo mismo con Cristo, reconocer que Él pagó con Su vida lo que yo debía. La paga del pecado es muerte, y Él se ofreció por mí, murió por mí, en mi lugar, para salvarme. Debo entonces vivir para Él , y lo que me reste vivir en este cuerpo mortal, vivirlo para Cristo en servicio a los demás, en amor a Cristo.

ORACION:

Quiero vivir para Ti, y seas Tú en mí. Te lo ruego en Cristo, amén.

EL INCOMPRENSIBLE AMOR DE DIOS

Mas Dios muestra su amor para con nosotros, en que siendo aún pecadores, Cristo murió por nosotros.

Romanos 5:8.

Lectura Bíblica Romanos 5:1-11.

La argumentación del Apóstol Pablo nos habla del gran amor de Dios, amor incomprensible para nuestra mente humana porque alcanza aún a aquellos que nosotros normalmente rechazamos. Tal vez pensáramos ofrecer la vida por un hijo o un padre, como dice San Pablo, "con todo pudiera ser que alguno osara morir por el bueno", pero morir por el alcohólico, por el asesino confeso, el traidor, por el mentiroso, por quienes nos hace daño, requiere de un amor más allá de toda comprensión. Es más, a Dios no le importa lo que hayas hecho, Él te recibe y te perdona si te acercas a Él con corazón sincero. Él te ama, de forma incondicional, y dio Su vida por Ti.

Demos respuesta a ese amor sublime de nuestro Creador, recibiéndolo en el corazón como Señor y Salvador.

ORACION.

Cristo Jesús, te recibo en mi corazón como mi único y suficiente salvador. Amén.

EL MANEJO GENÉTICO ES CONTRA NATURALEZA

Profesando ser sabios, se hicieron necios.

Romanos 1:22

Lectura Bíblica Romanos 1:18-32

Las investigaciones de desarrollo de células madre así como la manipulación de fecundación in vitro, donde se mezclan en tubos de ensayo las células humanas, así como el uso de productos transgénicos (plantas que son modificadas genéticamente) penetran en los linderos de la vida, y alteran el significado natural de la creación misma. La ciencia ha producido jitomates modificados para hacerlos resistentes a las enfermedades. La Biblia nos habla de la pretensión humana de querer ser iguales a Dios, porque profesan ser sabios, siendo necios. No tenemos autorización para el manejo de la vida, y hemos alterado de forma significativa lo natural, y los efectos a largo plazo, se traducirán en enfermedades más raras, virus y bacterias más resistentes. Como cristianos abogamos por el respeto a la vida y todos sus elementos y que lo natural, no sea modificado, porque Dios hizo todas las cosas buenas. Nosotros pervertimos lo correcto.

ORACION:

Señor, defenderé la naturaleza que Tú has creado. En Cristo Jesús, amén.

EL PRIMER AMOR

Pero tengo contra ti, que has dejado tu primer amor.

Apocalipsis 2:4

Lectura Bíblica Apocalipsis 2:1-7.

¿Por qué ya no estamos tan dedicados a las cosas de Dios? ¿Dónde quedó esa pasión por el servicio, por estar atentos a las veladas de oración, por ganar almas para Dios y entregarnos con devoción al trabajo del Señor? Se ha perdido el brillo de las reuniones, muchas cosas se hacen por inercia, sin cariño, sólo por cumplir, como si se hubiese apagado la llama. Es que hemos perdido el brillo del primer amor. Ese amor que recibimos de Jesús cuando lo conocimos parece tan lejano, esos días del arcoíris donde podíamos pasarnos las noches en una velada de oración, donde queríamos aprender de la Palabra, se han ido. Ahora, leer un capítulo nos aburre, ir a la velada nos da sueño, y perdemos el interés en los servicios. Regresemos a esa pasión por las almas, digamos como David, vuélveme el gozo de tu salvación y espíritu noble me sustente. Si el pecado ha hecho mella en tu vida, confiésalo y apártate. Él te ama.

ORACION:

Señor, crea en mi un espíritu recto, y transfórmame a tu imagen de amor. Por Cristo, amén.

EL VALLE DE LOS HUESOS SECOS

Me dijo entonces: Profetiza sobre estos huesos, y diles: Huesos secos, oíd palabra de Jehová.

Lectura Bíblica Ezequiel 37.

Cuando el profeta Ezequiel predica, un gran ejército se levanta desde las entrañas de la tierra, y son muy numerosos. El espectáculo fue fascinante: Vio Ezequiel juntarse los huesos, colocarse tendones sobre ellos, y les fue cubierta la piel. Pero no había en ellos espíritu. Y mandó Ezequiel, en Nombre del Señor, a los cuatro vientos para darles espíritu, y así vivieron. Este ejército de Dios es Su pueblo, que ha perdido la esperanza, que se ha regresado al mundo, y ha dejado de creer, en medio de su incredulidad y sus temores. El Señor nos manda que volvamos a la lucha, que confiemos en Él a pesar de todo y vayamos a ganar almas. Salgamos de la apatía, del desdén y volvamos a creer en Dios, como antes. Él nos llama a obedecerle. Oigamos Su voz y no seamos rebeldes.

ORACION.

Despierta a Tu Pueblo, oh Dios, de su apatía y vuélvenos a Ti, Señor. Por Cristo Jesús, amén.

JESUS VINO DEL CORAZON DE DIOS

Porque de tal manera amó Dios al mundo, que ha dado a su Hijo Unigénito para que todo aquel que en él cree, no se pierda, más tenga vida eterna.

Lectura Bíblica. Juan 3: 16-21.

Envueltos en la carga del pecado, atrapados por las horribles garras del vicio, nos dirigíamos al precipicio, al abismo eterno de confusión y dolor, donde el gusano no muere y el fuego nunca se apaga, envueltos por la maldad y una tendencia a desobedecer la voluntad de Dios. Entonces, el excelso Hijo de Dios salió en nuestra defensa, fue enviado desde el mismo corazón de Dios para darnos vida y vida en abundancia. El amor de Dios tomó forma humana, y se ofreció a Sí mismo para salvarnos de la muerte y pecado inherentes. Su sacrificio fue la más sublime prueba de Su misericordia hacia el ser humano. Debes entonces, corresponder aese acto de amor y entregarle tu corazón al Señor, que dejó el cielo para darte una oportunidad, y llevarte a Su presencia.

ORACION:

Gracias amado Jesús, por darme la oportunidad, al dar Tu vida por mí. Amén.

LA ENCARNACION DE CRISTO

El cual, siendo en forma de Dios, no estimó el ser igual a Dios como cosa a que aferrarse, si no que se despojó a sí mismo, tomando forma de siervo, hecho semejante a los hombres.

Filipenses 2: 6-7.

Lectura Bíblica Filipenses 2:1.11.

Cristo Jesús es Dios. Él es el sagrado Hijo Eterno del Eterno Padre. Siendo divino, Cristo Jesús decidió, por voluntad propia despojarse de Su divinidad y hacerse como uno de nosotros. Y lo más significativo, que tomó forma de siervo, es decir, se volvió servidor de los seres que Él creó, para mostrarles el camino para vivir una vida diferente. Se encarnó, como lo dice en 1 Timoteo 3:16, "Dios fue manifestado en carne", y como señala en 1 Juan 1:2, "la vida eterna, la cual estaba con el Padre y se nos manifestó", es decir, Jesús es la vida eterna de Dios y se reveló a nosotros. El verbo, la acción de Dios, fue hecho hombre, y vivió entre nosotros. Dios puso su tienda entre nosotros, y vivió con nosotros. Debemos valorar el inmenso amor de Dios que envió a Su Hijo para hacerse hombre, y morir por nosotros.

ORACION:

Gracias Jesús por hacerte hombre y dar tu vida por mí. Amén.

LA JUSTIFICACION DE VIDA

Justificados pues, por la fe, tenemos paz para con Dios por medio de nuestro Señor Jesucristo.

Romanos 5:1

Lectura Bíblica Romanos 4: 23-25.

La Palabra de Dios nos enseña que, gracias a la muerte y resurrección de Cristo Jesús, aquellos que reciben en su corazón la salvación por fe, son justificados gratuitamente. Esta justificación es la que nos hace justos delante de Dios, porque el Padre toma el sacrificio de Su Hijo Jesús, y lo aplica a nosotros, como si en lugar de Cristo, hubiera sido el hombre que cree en Él quien pagó por los pecados. Es el sacrificio substitutorio, "el justo por los injustos para llevarnos a Dios". ¿Y cómo aplica esto al cristiano? El pecado está siempre afectándonos, y muchos viven luchando contra estas pasiones. Lo maravilloso es que, si has recibido a Cristo, Él ha pagado tus pecados pasados, presentes y futuros, y te va perfeccionando, aunque a veces te sientas estancado en un pecado. De modo que eres libre de condenación, porque has sido hecho justo por tu fe.

ORACION:

Gracias Cristo Jesús, porque Tú me haces justo con tu muerte y resurrección. Amén.

MORIR AL PECADO

Así también vosotros consideraos muertos al pecado, pero vivos para Dios en Cristo Jesús

Romanos 6: 11

Lectura Bíblica Romanos 6: 1-14.

Cuando recibimos a Cristo Jesús como Señor y Salvador de nuestra vida, el alma recibe la salvación completa, y ya tenemos vida eterna. Sin embargo, una lucha interior que se desarrolla cada día en el nuevo creyente y aún en aquellos que llevan muchos años en la fe cristiana, es la batalla contra el pecado que parece dominarnos a cada instante. San Pablo nos dice que no debemos permitir que el pecado reine en nosotros ni le obedezcamos movidos por nuestros deseos engañosos (la concupiscencia). ¿Y como matamos al pecado? Dejando de practicarlo. Si mentíamos, debemos vestirnos de la verdad, "hablar verdad cada uno con su prójimo". Si estuvimos en el alcohol o las drogas, o en otros vicios, debemos alejarnos de ellos y de quienes los practican, pues el ambiente también influye para seducirnos y atraernos (como nos dice Santiago 1: 12-18). Así, viviendo libres del pecado, debemos vivir para Dios.

ORACION:

Gracias Padre por Tu libertad en Cristo Jesús, amén.

PALABRAS DE VIDA ETERNA

Señor ¿A quién iremos?Tú tienes Palabras de vida eterna Juan 6:68.

Lectura Bíblica Juan 6:60-71

Cuando el viejo pescador declaró estas santas palabras reflejó lo que el corazón siente en lo más profundo. Solamente Jesús puede calmar las tormentas del alma y romper las ligaduras de dolor y frustración que son comunes a nuestro dolido corazón.

Las palabras de vida que nos brinda Jesús, son el consuelo que mitiga la soledad del ser humano.

Cristo Jesús abre Sus Brazos para ofrecerte Su Paz y Su amor, esa paz que el mundo no conoce.

Acude a El en busca de sosiego y fe. El colmará tu alma con la Luz de Su presencia.

Oración: Gracias Cristo por calmar mis tormentas. Amén.

CIUDADANOS DEL REINO

Mas nuestra ciudadanía está en los cielos, de donde también esperamos al salvador, al Señor Jesucristo.

Lectura Bíblica Filipenses 3.

Filipenses 3:20.

La Biblia declara que el mundo entero está bajo el maligno. Los que hemos recibido al Señor Jesús en el corazón, como Señor y Salvador, no pertenecemos al mundo, porque "el mundo pasa y sus deseos, pero el que hace la voluntad de Dios permanece para siempre". Somos ciudadanos de un reino de esperanza, aquel reino al cual aludió Jesús cuando le dijo a Pilatos, "mi reino no es de este mundo". El reino de Jesús es de amor, de esperanza, de fe, de bondad, de entregarse por amor. Las leyes de este nuevo reino no son comprendidas por quienes no pertenecen a él. Servir al prójimo, amar al enemigo y ayudarle en tiempo de necesidad, pedir perdón y soportarse unos a otros en amor, son características de todo ciudadano del reino de Jesús. Vivamos de acuerdo a este principio.

ORACION:

Señor Jesús, soy parte de tu reino. Permíteme honrarte con mi vida. Amén.

LA PROFUNDIDAD DE DIOS

¡Cuán insondables son sus juicios e inescrutables sus caminos!

Romanos 11:33

Lectura Bíblica Romanos 11:25-36.

A veces, cuando estamos en angustia, se nos hace fácil juzgar a Dios y dudar de sus propósitos y planes para nuestra vida. Ignoramos que Él es el creador de la sabiduría, y la profundidad de sus pensamientos no la podemos siquiera vislumbrar (Isaías 55:8-9), porque somos creaturas finitas, pequeños. Él es el excelso Señor de todo lo que existe, su poder y majestad no son comparables a nada que podamos entender. Con su eterno poder creó todo lo existente. Antes que dudar de su amor y bondad, confiemos en El en medio de la prueba, porque nunca obrará en contra nuestra, y aunque no lo entendemos, tenemos la seguridad de que su voluntad es perfecta. Él sabe hacer lo correcto y jamás se equivoca.

ORACION: Gracias Señor por tu grandeza y tu poderoso nombre, por Cristo, amén.

LA ARMADURA DE DIOS

Vestíos de toda la armadura de Dios, para que podáis estar firmes contra las asechanzas del diablo

Efesios 6:11

Lectura bíblica efesios 6:10-20

¿Te has puesto la armadura de Dios, querido lector?

La Biblia nos habla de una lucha contra las fuerzas de la obscuridad. La palabra asechanza, significa trampa, y el diablo nos tiende trampas a cada momento para desanimarnos y llenarnos de duda e incredulidad.

Debemos tomar la armadura de Dios para poder defendernos:

Nuestra espalda protegida por la Verdad, hablando siempre con Verdad (Is. 59:17), nuestro corazón protegido por la justicia, siendo rectos en nuestro vivir, calzando nuestros pies con el mensaje de salvación (Is. 52:7), tomando el escudo de la fe (Hebreos 11:1), la espada del Espíritu, o sea, las Escrituras (Hebreos 4:12), y la oración, zona de comunicación con Dios. Usemos esta armadura para Gloria de Dios.

Oración: Tomaré la armadura en Cristo Jesús. Amén.

LA PACIENCIA DE JOB

Hubo en tierra de Uz un varón llamado Job; y era este hombre perfecto y recto , temeroso de Dios y apartado del mal.

Job 1:1

Lectura Bíblica Job 1

La vida de Job es muy intensa. Parecía vivir en un mundo de ensueño, donde sus hijos y él vivían en exquisitez, y era este hombre un ejemplo de virtudes. Y en un solo día, pierde todo lo que poseía: Sus hijos, su ganado, sus criados, y sus camellos. A pesar de todo esto, Job sigue firme en su fe. ¿Cuál sería tu reacción querido lector, si perdieras en un solo día todo lo que posees, tu familia, posesiones, todo aquello que tienes? Y además, de esto, su mujer, la compañera que le juró lealtad lo deja, y con una frase dolorosa "maldice a Dios y muérete". Sin embargo Job, lleno de la paciencia de Dios, soporta la prueba, y al final, es coronado como un ejemplo a seguir en los momentos de prueba y de turbación.

Aprendamos de este santo varón de Dios, que supo soportar hasta el final, y conoció el sublime amor de Dios en toda su expresión. La paciencia de Job, trajo frutos... ¿Somos pacientes o claudicamos?

ORACIÓN:

Señor, enséñame a tener paciencia. Te lo ruego en Cristo, amén.

LAS DOS NATURALEZAS

Sabiendo esto, que nuestro viejo hombre fue crucificado juntamente con él, para que el cuerpo del pecado sea destruido, a fin de que no sirvamos más al pecado. Romanos 6:6

Lectura Bíblica Romanos 6:17- 23.

Una antigua ilustración ejemplificaba la doble naturaleza del cristiano como si dentro de éste, hubieran dos enormes canes, uno blanco, correspondiendo al nuevo hombre, y otro muy oscuro, como representación del viejo hombre. Según la enseñanza, el crecimiento en la fe, dependía de a quién de los dos se alimentaba. Jesús decía: Si tu ojo te es ocasión de caer, córtalo y échalo fuera de ti. Esto significa que si algo favorece mi persistente caída en el pecado, debo evitarlo. Vivir para Cristo, es morir al pecado. A veces, es mi arrogancia y mi presunción lo que me afecta, el sentirme mejor cristiano que los demás, o aprovecharme de la posición que ocupo en la iglesia, sin darme cuenta de que solamente soy un servidor del Señor. Así pues, alimentemos al nuevo hombre, y creceremos en la fe.

ORACIÓN:

Señor, quiero morir cada día al pecado y vivir para ti en fe. En Cristo, amén.

Printed by Books on Demand GmbH, Norderstedt / Germany